Salahddine Krit

Negociar usando a ação do preço:

Salahddine Krit

Negociar usando a ação do preço:

Descodificar os movimentos do mercado para efetuar transacções bem sucedidas

ScienciaScripts

Imprint

Any brand names and product names mentioned in this book are subject to trademark, brand or patent protection and are trademarks or registered trademarks of their respective holders. The use of brand names, product names, common names, trade names, product descriptions etc. even without a particular marking in this work is in no way to be construed to mean that such names may be regarded as unrestricted in respect of trademark and brand protection legislation and could thus be used by anyone.

Cover image: www.ingimage.com

This book is a translation from the original published under ISBN 978-620-7-47987-0.

Publisher:
Sciencia Scripts
is a trademark of
Dodo Books Indian Ocean Ltd. and OmniScriptum S.R.L publishing group

120 High Road, East Finchley, London, N2 9ED, United Kingdom
Str. Armeneasca 28/1, office 1, Chisinau MD-2012, Republic of Moldova, Europe
Printed at: see last page
ISBN: 978-620-3-50012-7

Índice

Introdução geral

No mundo do comércio, onde inúmeras estratégias e métodos competem pela atenção, o comércio de acções de preço destaca-se como uma abordagem intemporal e eficaz. Este livro, Mastering Price Action Trading, tem como objetivo dotar os investidores de todos os níveis de uma compreensão abrangente dos princípios, padrões e estratégias da ação dos preços.

A evolução da negociação

A evolução dos mercados financeiros deu origem a várias técnicas de negociação, desde a análise fundamental aos indicadores técnicos. Enquanto muitos investidores confiam em algoritmos complexos ou numa multiplicidade de indicadores, a negociação de acções de preço destila a essência do comportamento do mercado num método simples: observar e interpretar diretamente os movimentos de preços de um ativo.

A essência da negociação de acções de preço

Na sua essência, a negociação de acções de preço consiste em compreender a dinâmica da oferta e da procura, a psicologia do mercado e a forma como estes elementos se manifestam nos movimentos de preços. Ao contrário dos métodos tradicionais, que muitas vezes sobrecarregam os investidores com dados, a negociação de acções de preço permite-lhes tomar decisões com base no que está a acontecer no mercado em qualquer momento. Ao concentrarem-se no preço real, os investidores podem compreender melhor o sentimento do mercado, identificar potenciais pontos de viragem e desenvolver uma abordagem de negociação mais intuitiva.

Porquê este livro?

Neste livro, aprofundamos os conceitos fundamentais da negociação de acções de preço, explorando ferramentas essenciais como padrões de velas, padrões de gráficos e estratégias de ação de preço. Cada capítulo foi concebido para se basear no anterior, proporcionando uma base sólida para os leitores desenvolverem as suas capacidades de negociação.

Quem deve ler este livro?

Quer seja um operador novato que procura compreender as bases ou um operador experiente que procura aperfeiçoar as suas competências, este livro é para si. As ideias e estratégias aqui apresentadas são aplicáveis em vários mercados, incluindo acções, forex e mercadorias.

Resultados da aprendizagem

No final deste livro, terá uma compreensão completa de:

- Os princípios fundamentais da negociação de acções de preços.

- Como identificar e interpretar os principais padrões de ação dos preços.

- Estratégias práticas de negociação que potenciam a ação dos preços.

- A importância da gestão do risco e da psicologia comercial.

Uma viagem de descoberta

Negociar não é apenas ganhar dinheiro; é uma viagem de auto-descoberta, disciplina e aprendizagem contínua. Ao embarcar nesta viagem, lembre-se que dominar a negociação de acções de preço requer prática, paciência e uma mente aberta. Com este livro como guia, desenvolverá as competências necessárias para navegar nas complexidades dos mercados e atingir os seus objectivos de negociação.

Capítulo 1: Fundamentos da negociação de acções de preço

1.1 Introdução à negociação de acções de preço

A negociação de acções de preço é uma técnica que analisa os movimentos históricos dos preços para tomar decisões de negociação. Funciona com base no princípio de que o preço reflecte toda a informação disponível no mercado, permitindo que os operadores prevejam futuros movimentos de preços através do estudo dos padrões de preços.

Principais benefícios da negociação da ação de preço:

- Simplicidade: Ao remover os indicadores, os comerciantes podem concentrar-se diretamente nos movimentos de preços.

- Flexibilidade: Aplicável a várias classes de activos, incluindo acções, forex, mercadorias e criptomoedas.

- Clareza: Identificação mais fácil dos níveis de suporte e resistência, tendências e sentimento do mercado.

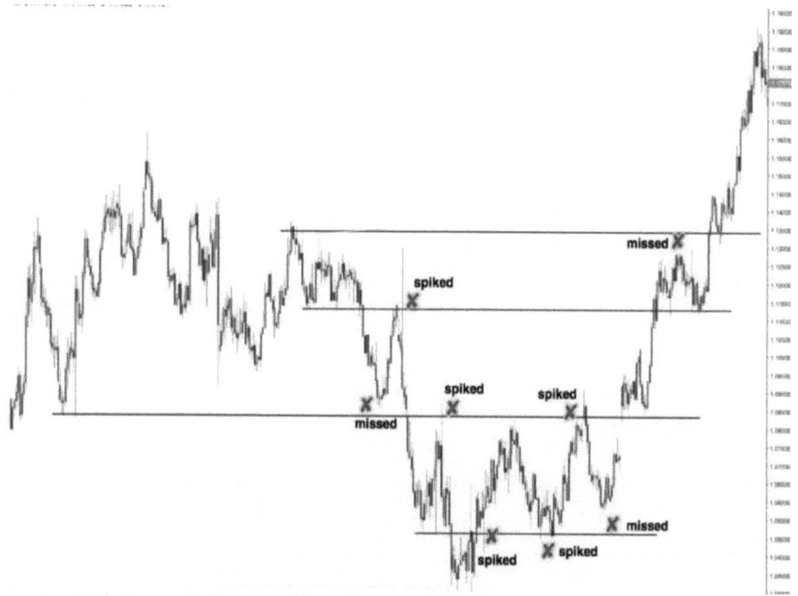

Figura 1.1: Visão geral da negociação de acções de preço

1.2 Compreender a estrutura do mercado

A estrutura do mercado refere-se à organização dos movimentos de preços ao longo do tempo. Uma forte compreensão da estrutura do mercado é crucial para os investidores identificarem potenciais tendências, inversões e configurações de negociação.

1.2.1 Tipos de estrutura de mercado

1. Tendências: Movimentos de preços que exibem uma direção consistente.

    o Tendência de alta: máximos mais altos e mínimos mais altos.

    o Tendência de baixa: Máximas e mínimas mais baixas.

    o Tendência lateral: O preço move-se dentro de um intervalo horizontal.

Exemplo: Se a Amazon (AMZN) passar de $1.800 para $2.200 durante vários meses, isso indica uma tendência de alta.

Figura 1.2: Tipos de tendências de mercado

2. Reversões: Mudanças na direção do mercado, frequentemente assinaladas por padrões específicos.

    o Exemplo: Se a Tesla (TSLA) atingir $1.000 e depois cair para $900, formando um padrão de topo duplo, isso indica uma inversão de baixa.

3. Consolidação: Uma fase em que os movimentos de preços são limitados por um intervalo, levando a potenciais rupturas.

    o Exemplo: Se o EUR/USD for transaccionado entre 1,1000 e 1,1100, os investidores procuram oportunidades de fuga.

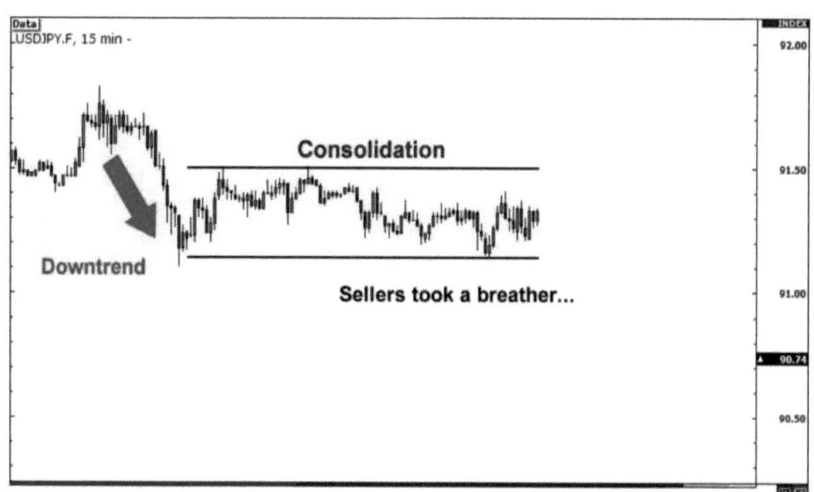

Data
LUSDJPY.F, 15 min -
Consolidation
Downtrend
Sellers took a breather...
92.00
91.50
91.00
90.74
90.50

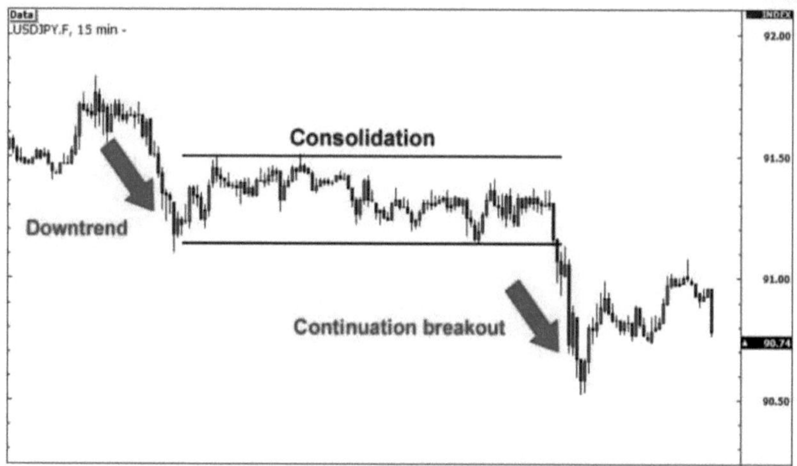

Data
LUSDJPY.F, 15 min -
Consolidation
Downtrend
Continuation breakout
92.00
91.50
91.00
90.74
90.50

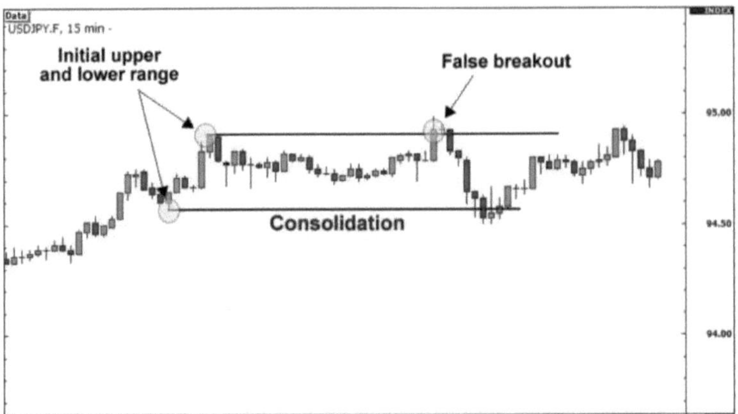

Figura 1.3: Exemplo de consolidação de preços e de rutura

1.2.2 Altos e baixos do balanço

- Swing High: Um pico atingido antes de uma descida de preços.

- Swing Low: Um valor mínimo atingido antes de um aumento de preços.

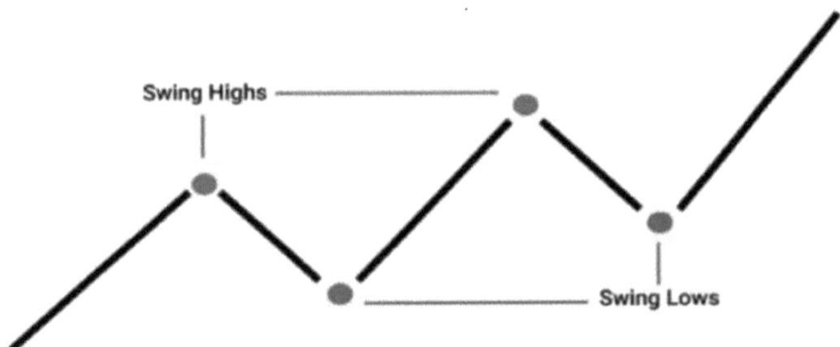

Figura 1.4: Swing Highs e Lows

Numa tendência de alta, notará oscilações máximas e mínimas mais elevadas, enquanto que numa tendência de baixa, haverá oscilações máximas e mínimas mais baixas.

1.3 Quebras de estrutura

Uma quebra de estrutura ocorre quando o preço ultrapassa um anterior balanço alto ou baixo. Reconhecer estas quebras é essencial para os investidores identificarem potenciais inversões ou continuações de tendências.

1.3.1 Importância das quebras de estrutura

- Identificar mudanças de tendência: As ruturas podem assinalar o fim de uma tendência e o início de outra.

- Exemplo: Se a Apple Inc. (AAPL) ultrapassar uma oscilação anterior de $150, isso pode indicar o início de uma nova tendência de alta.

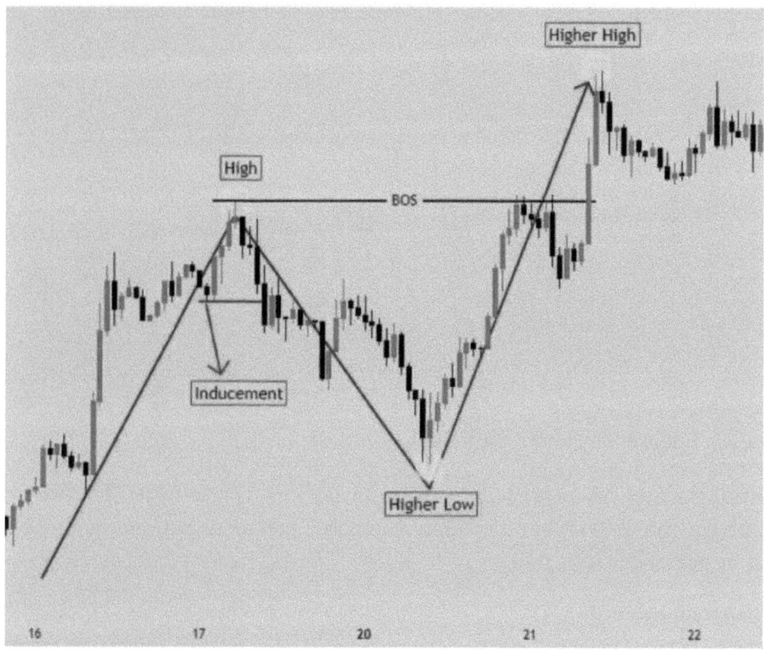

Figura 1.5: Exemplo de quebra de estrutura

Informações úteis: Aguarde sempre pela confirmação de uma quebra de estrutura, que é normalmente indicada por um fecho acima ou abaixo do ponto de oscilação.

1.4 Pools de liquidez e Stop Hunts

Os pools de liquidez referem-se a áreas no mercado onde se concentram grandes ordens. Os "stop hunts" ocorrem quando o mercado empurra temporariamente o preço para acionar ordens de stoploss antes de inverter.

1.4.1 Identificação de pools de liquidez

- Níveis de suporte e resistência: Estas são frequentemente áreas onde se formam pools de liquidez, atraindo a atenção dos investidores.

Exemplo: Um pool de liquidez pode formar-se em torno do nível de suporte histórico de

$150 para a NVIDIA (NVDA).

1.4.2 O impacto das caçadas de emergência

- Compreender as "Stop Hunts": Estes podem criar picos de preços temporários, oferecendo oportunidades para os comerciantes astutos.

Exemplo: Se o USD/JPY cair abaixo de um nível de suporte significativo, accionando ordens de paragem de perda, e depois recupera, isto indica uma caça à paragem.

Figura 1.6: Pools de liquidez e Stop Hunts

Perceção acionável: Monitorizar de perto a ação dos preços em torno de níveis de suporte e resistência conhecidos para identificar potenciais pontos de paragem para melhores pontos de entrada.

1.5 Fases do mercado

A compreensão das fases do mercado ajuda os comerciantes a antecipar potenciais movimentos de preços e a ajustar as suas estratégias em conformidade.

1.5.1 Fase de acumulação

A fase de acumulação ocorre após uma tendência de baixa, em que o smart money começa a acumular posições antes de uma inversão de alta.

Exemplo: Após um declínio prolongado, o Bitcoin (BTC) pode entrar numa fase de acumulação com movimentos de preços estáveis, indicando que os investidores estão a construir posições.

Figura 1.7: Fase de acumulação

1.5.2 Fase de marcação

Após a acumulação, ocorre a fase de mark-up, quando os preços sobem devido ao aumento do interesse de compra.

- Exemplo: Se a Netflix (NFLX) registar ganhos positivos, pode desencadear uma fase de mark-up, resultando num aumento acentuado do preço.

1.5.3 Fase de distribuição

A fase de distribuição segue-se a uma margem de lucro e ocorre quando o "smart money" vende as suas posições a comerciantes retalhistas a preços inflacionados.

- Exemplo: Após uma subida significativa, o Facebook (FB) pode apresentar sinais de distribuição com estagnação de preços.

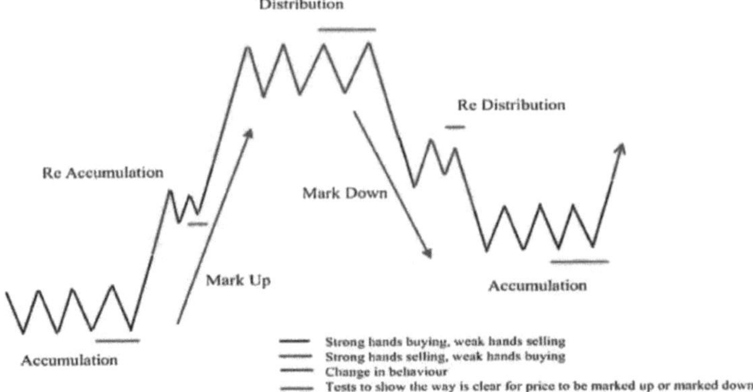

Figura 1.8: Fase de distribuição

1.5.2 Fase de remarcação para baixo

A fase de remarcação para baixo ocorre quando os preços descem acentuadamente devido ao aumento da pressão de venda, frequentemente após a distribuição.

- Exemplo: Depois de atingir um máximo, o ouro (XAU/USD) pode entrar numa fase de remarcação de baixa à medida que ocorre a realização de lucros.

1.6 Lacunas de justo valor e bloqueios de ordem

Os gaps de valor justo e os blocos de ordens são conceitos essenciais que ajudam os investidores a identificar potenciais zonas de inversão e de continuação.

1.6.1 Diferenças de justo valor

- Definição: Um diferencial de justo valor ocorre quando existe uma diferença de preço significativa entre duas velas, indicando uma falta de atividade de negociação em determinados níveis de preços.

- Exemplo: Se um gráfico de futuros abrir significativamente mais alto devido a notícias de alta, pode haver um intervalo de valor justo que os investidores monitorizam para potenciais retracções.

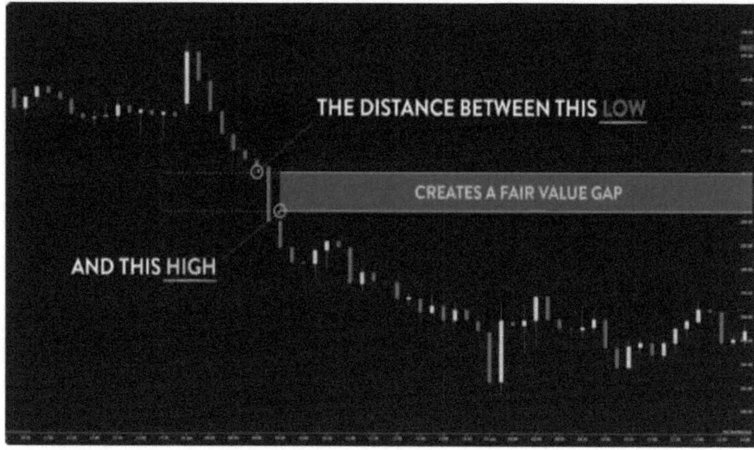

Figura 1.9: Diferenças de justo valor

1.6.2 Encomendar blocos

- Definição: Os blocos de ordens são áreas onde um número significativo de ordens está agrupado, levando a movimentos substanciais de preços.

- Exemplo: Se o EUR/USD subir acentuadamente depois de atingir um nível de preço específico com muitas ordens de compra, esta área actua como um bloco de ordens.

Perspetiva acionável: Quando o preço se aproxima de um gap de valor justo ou de um bloco de ordens, procure padrões de ação de preço (como barras de pinos ou padrões de engolfamento) para confirmar potenciais oportunidades de negociação.

1.7 Teoria do tempo e dos preços

A teoria do tempo e do preço sugere que os períodos de tempo e os níveis de preços específicos são fundamentais para identificar potenciais configurações de negociação.

1.7.1 A importância dos prazos

- Prazos mais elevados: A análise de períodos de tempo superiores (diários, semanais) proporciona um contexto mais alargado e ajuda a identificar tendências a longo prazo.

- Timeframes mais baixos: Utilize períodos de tempo mais baixos (1 minuto, 5 minutos) para identificar pontos de entrada e saída precisos.

Exemplo: Um investidor analisa o gráfico diário da Tesla (TSLA) para verificar a direção geral da tendência e depois examina o gráfico de 1 hora para obter sinais de entrada detalhados.

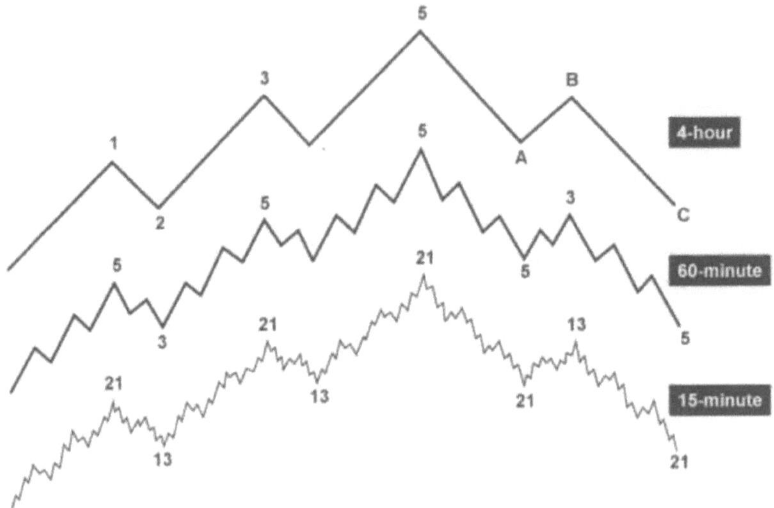

Figura 1.10: Análise temporal

1.7.2 Níveis de preços chave

- Níveis psicológicos: Os números redondos (por exemplo, $50, $100) actuam frequentemente como suporte psicológico e níveis de resistência.

- Exemplo: Se o GBP/USD se aproximar de 1,3000, pode encontrar um interesse significativo de compra ou venda, influenciando o movimento dos preços.

1.8 Conclusão

Os fundamentos da negociação de acções de preço englobam conceitos essenciais que permitem aos investidores navegar nos mercados financeiros com confiança. Ao compreender a estrutura do mercado, as quebras de estrutura, os pools de liquidez, as fases do mercado, as lacunas de valor justo e a teoria do tempo e do preço, os investidores podem desenvolver uma estratégia de negociação robusta. O domínio destes princípios fundamentais permite aos investidores aumentar as suas hipóteses de sucesso em vários mercados.

1.9 Referências

1. Murphy, John J. *Technical Analysis of the Financial Markets (Análise Técnica dos Mercados Financeiros)*. New York: Prentice Hall, 1999.

2. Kahn, James. *The Art of Trading*. New York: Wiley, 2011.

3. Bulkowski, Thomas. *Encyclopedia of Chart Patterns.* New York: Wiley, 2008.

4. Tharp, Van K. *Trade Your Way to Financial Freedom [Negocie seu caminho para a liberdade financeira].* Nova Iorque: McGraw-Hill, 2006.

5. Elder, Alexander. *Trading for a Living.* New York: Wiley, 1993.

Capítulo 2: Padrões de velas e suas interpretações

2.1 Introdução aos padrões de velas

Os padrões de velas são um aspeto fundamental da negociação de acções de preços. Fornecem representações visuais dos movimentos de preços durante períodos específicos, transmitindo informações essenciais sobre o sentimento do mercado, potenciais inversões e padrões de continuação. A compreensão destes padrões pode

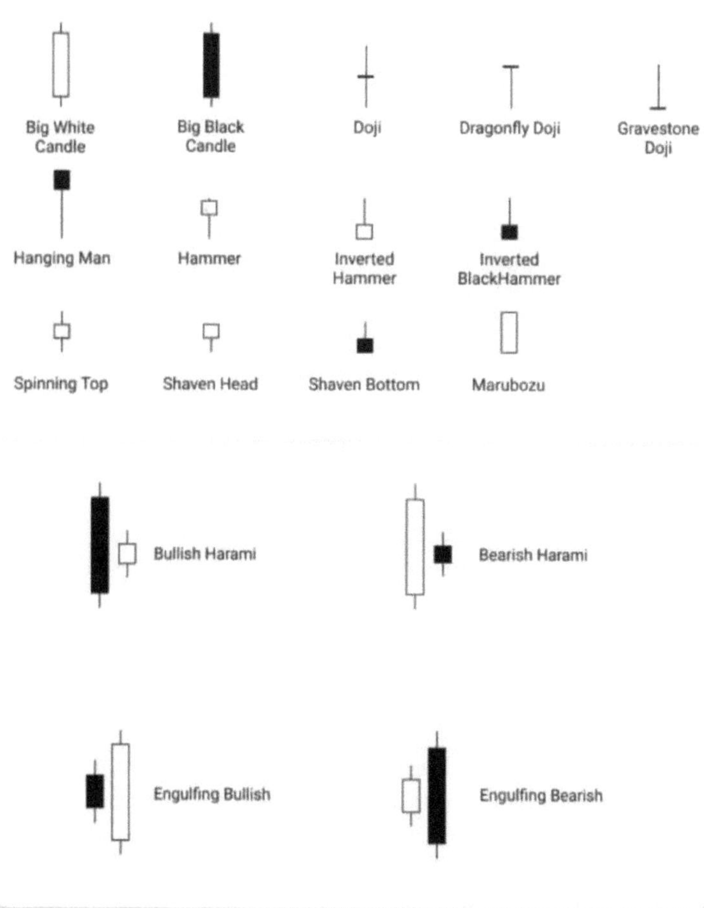

ajudar os investidores a tomar decisões informadas com base no comportamento coletivo dos participantes no mercado.

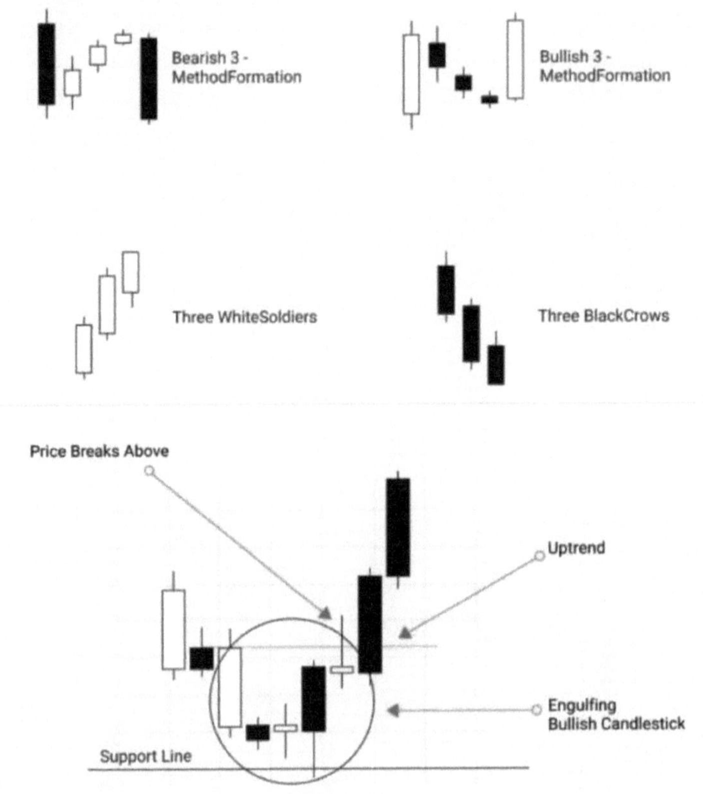

2.2 Anatomia de uma vela

Cada vela é composta por quatro componentes principais: a abertura, o fecho, o máximo e o mínimo. Estes elementos combinam-se para criar várias formas e formações que indicam a dinâmica do mercado.

2.2.1 Componentes de uma vela

1. Abertura: O preço a que o ativo começa a ser negociado durante um período de tempo específico.

2. Fecho: O preço a que o ativo termina de ser negociado durante esse período de tempo.

3. Máximo: O preço mais elevado atingido durante o período de tempo.

4. Baixo: O preço mais baixo atingido durante o período de tempo.

- Exemplo: Uma vela que abre a $50, atinge um máximo de $55, um mínimo de $48 e fecha a $52 representaria um sentimento de alta, uma vez que o fecho é mais elevado do que a abertura.

2.2.2 Tipos de castiçais

- Vela de Alta: Fecha acima da sua abertura, indicando pressão de compra.

- Vela de Baixa: Fecha abaixo da sua abertura, indicando pressão de venda.

- Doji Candlestick: Abre e fecha ao mesmo preço, sinalizando indecisão no mercado.

2.3 Padrões comuns de velas

O reconhecimento de padrões de velas comuns pode ajudar os investidores a identificar potenciais inversões de mercado e sinais de continuação. Abaixo estão alguns dos padrões mais utilizados.

2.3.1 Padrões de velas simples

1. Martelo: Um padrão de reversão de alta formado altera uma tendência de baixa. Tem um corpo pequeno com uma longa sombra inferior, indicando que os compradores estão a entrar.

   o Exemplo: Se o Google (GOOGL) formar um martelo no nível de suporte de $2.500 após uma tendência de baixa, isso pode sinalizar uma potencial inversão.

2. Estrela cadente: Um padrão de reversão de baixa formado após uma tendência de alta. Tem um corpo pequeno e uma longa sombra superior, sugerindo que os compradores empurraram o preço para cima, mas não conseguiram manter a dinâmica.

   o Exemplo: Uma estrela cadente no Dow Jones Industrial Average (DJIA) num máximo de 35.000 pode indicar uma potencial queda.

3. Doji: Indica indecisão no mercado. Uma vela doji tem quase o mesmo preço de abertura e de fecho.

   o Exemplo: Se a Netflix (NFLX) imprimir um doji após uma subida, isso sugere que o impulso ascendente pode estar a enfraquecer e os investidores devem ser cautelosos.

2.3.2 Padrões múltiplos de velas

1. Padrões de Engolfamento: Um padrão de duas velas onde a segunda vela envolve totalmente o corpo da primeira vela. Um padrão de engolfamento de alta ocorre após uma tendência de baixa, enquanto um padrão de engolfamento de baixa ocorre após uma tendência de alta.

   o Exemplo: Um padrão engolfante de alta no Facebook (FB), onde a segunda vela fecha acima do corpo da primeira vela, pode indicar um forte sinal de compra.

2. Estrela da Manhã: Um padrão de reversão de três velas de alta. Consiste de uma longa vela de baixa, seguida por uma vela de corpo pequeno (que pode ser de alta ou de baixa), e uma longa vela de alta.

   o Exemplo: Se o ouro (XAU/USD) formar uma estrela da manhã após uma tendência de baixa, isso sugere um forte potencial para uma inversão de alta.

3. Estrela da Noite: Um padrão de reversão de baixa de três velas. Consiste em uma longa vela de alta, seguida por uma vela de corpo pequeno, e uma longa vela de baixa.

   o Exemplo: Uma formação de estrela da noite no índice S&P 500 após uma subida pode indicar uma potencial inversão de baixa.

2.4 Compreender o sentimento do mercado através dos padrões de velas

Os padrões de velas fornecem informações sobre o sentimento do mercado e a psicologia do trader. O reconhecimento destes padrões pode ajudar os investidores a avaliar se os compradores ou os vendedores estão no controlo.

2.4.1 Indicadores de sentimento de alta

- Engolfo de Alta: Indica uma forte pressão de compra, sugerindo que os compradores assumiram o controlo.

- Martelo: Mostra que os compradores entraram em ação após uma venda, sinalizando um potencial movimento ascendente.

- Estrela da Manhã: Indica uma mudança no sentimento de baixa para alta.

2.4.2 Indicadores de sentimento de baixa

- Engolfamento de baixa: Indica uma forte pressão de venda, sugerindo que os vendedores tomaram o controlo.

- Estrela cadente: Indica que os compradores tentaram empurrar o preço para cima, mas não conseguiram, sinalizando um potencial movimento descendente.

- Evening Star: Sugere uma mudança no sentimento de alta para baixa.

2.5 Combinando padrões de velas com conceitos de ação de preço

Embora os padrões de velas sejam ferramentas poderosas para analisar a ação dos preços, combiná-los com outros conceitos de ação dos preços aumenta a sua eficácia.

2.5.1 Níveis de suporte e resistência

- Confirmação: Os padrões de velas perto de níveis de suporte ou resistência fornecem uma confirmação mais forte de potenciais inversões. Por exemplo, um padrão de engolfamento de alta num nível de suporte tem maior significado.

- Exemplo: Se o EUR/USD saltar de um nível de suporte chave com um padrão de engolfamento de alta, isso sinaliza uma forte probabilidade de uma inversão de preços.

2.5.2 Contexto de tendências

- Tendências e padrões: Compreender a tendência geral do mercado é essencial. Os padrões de velas na direção da tendência podem servir como confirmação da continuação, enquanto os padrões contra a tendência podem indicar potenciais inversões.

- Exemplo: Um martelo formado numa tendência de alta estabelecida para a Microsoft (MSFT) pode indicar continuação, enquanto o mesmo padrão numa tendência de baixa pode sinalizar uma inversão.

2.6 Aplicação prática dos padrões de velas

Compreender como aplicar padrões de velas na negociação pode melhorar a tomada de decisões e a gestão de riscos.

2.6.1 Estratégias de entrada e de saída

1. Pontos de Entrada: Os comerciantes devem considerar entrar em posições após a confirmação de um padrão de velas. Por exemplo, entrar numa posição longa após um padrão de engolfamento de alta ser confirmado pela vela de alta subsequente.

   o Exemplo: Depois de identificar um padrão de engolfamento de alta na Tesla (TSLA), um trader pode entrar numa posição longa assim que a vela seguinte fechar acima da vela de engolfamento.

2. Pontos de saída: Determinar os pontos de saída com base nos altos/baixos de

oscilações anteriores ou outros padrões de ação de preço. Por exemplo, se um investidor identifica um nível de resistência acima de um padrão de engolfamento de alta, ele pode definir um nível de lucro logo abaixo dessa resistência.

- o Exemplo: Um investidor pode definir uma ordem de retirada de lucro ligeiramente abaixo de um máximo anterior depois de entrar numa posição longa num padrão de engolfamento de alta.

2.6.2 Gestão do risco

- Colocação de ordens Stop-Loss: Posicionar ordens stop-loss com base nas caraterísticas dos padrões de velas. Por exemplo, colocar um stop-loss logo abaixo do mínimo de um padrão de martelo pode limitar as perdas potenciais.

- Exemplo: Se um trader entrar numa posição longa após a formação de um martelo a $150, pode definir um stop-loss a $145 para minimizar o risco.

2.7 Técnicas avançadas de velas

À medida que os investidores ganham experiência, podem explorar técnicas avançadas de velas para aperfeiçoar as suas estratégias.

2.7.1 Clusters de velas

- Definição: Os grupos de velas referem-se a grupos de velas que formam padrões específicos durante um período definido. A análise de clusters pode fornecer uma visão mais profunda do comportamento do mercado.

- Exemplo: Um conjunto de velas doji pode indicar indecisão no mercado, levando os comerciantes a esperar por um sinal mais claro antes de entrar em negociações.

2.7.2 Níveis de Fibonacci e padrões de velas

- Integração: A combinação dos níveis de retração de Fibonacci com padrões de velas pode aumentar a precisão das configurações de negociação. Por exemplo, um padrão de engolfamento de alta que se forma no nível de retração de 61,8% pode fornecer uma forte confirmação para uma entrada longa.

- Exemplo: Se a Apple Inc. (AAPL) retroceder para o nível de Fibonacci de 61,8% e formar um padrão envolvente de alta, os comerciantes podem interpretar isso como um forte sinal de compra.

2.8 Conclusão

C e os padrões de velas são uma pedra angular da negociação de acções de preços, fornecendo informações valiosas sobre o sentimento do mercado e potenciais movimentos de preços. Ao compreender a anatomia das velas, reconhecer os principais padrões e aplicá-los eficazmente nas estratégias de negociação, os investidores podem melhorar o seu processo de tomada de decisões e melhorar o seu desempenho global. A combinação da análise de velas com outros conceitos de ação de preços, tais como suporte e resistência e contexto de tendências, aumenta ainda mais a eficácia destes padrões. À medida que os investidores aperfeiçoam as suas competências, podem explorar técnicas avançadas para desenvolver uma abordagem de negociação robusta e adaptável.

2.9 Referências

1. Nison, Steve. *Japanese Candlestick Charting Techniques*. Nova Iorque: Instituto de Finanças de Nova Iorque, 1991.

2. Murphy, John J. *Technical Analysis of the Financial Markets (Análise Técnica dos Mercados Financeiros)*. New York: Prentice Hall, 1999.

3. Bulkowski, Thomas. *Encyclopedia of Candlestick Charts*. New York: Wiley, 2008.

4. Elder, Alexander. *Trading for a Living*. New York: Wiley, 1993.

5. Kahn, James. *The Art of Trading*. New York: Wiley, 2011.

Capítulo 3: Estratégias de ação de preço para uma negociação eficaz

3.1 Introdução às estratégias de ação de preço

A negociação de acções de preço centra-se na análise dos movimentos de preços históricos e actuais para tomar decisões de negociação informadas. Ao contrário da análise técnica tradicional, que muitas vezes se baseia em indicadores, os operadores de acções de preço utilizam padrões de velas, níveis de suporte e resistência e estrutura de mercado para identificar oportunidades de negociação. Este capítulo analisa várias estratégias de ação de preço, enfatizando a sua aplicação prática em cenários de negociação do mundo real.

3.2 Compreender a estrutura do mercado

A estrutura do mercado refere-se à organização dos movimentos de preços e à forma como estes se relacionam com vários períodos de tempo. Reconhecer a estrutura do mercado é crucial para desenvolver estratégias de negociação eficazes.

3.2.1 Tendências e intervalos

- Tendências: Uma tendência ocorre quando os preços se movem consistentemente numa direção - para cima (alta), para baixo (baixa), ou para os lados (limite de gama). A compreensão das tendências ajuda os investidores a identificar potenciais pontos de entrada e saída.

- Exemplo: No início de 2023, a Apple Inc. (AAPL) demonstrou uma clara tendência de alta, com a formação de máximos e mínimos mais altos no gráfico diário. Os investidores poderiam ter capitalizado esta tendência de alta entrando em posições longas em níveis de suporte chave.

- Perceção acionável: Identificar a tendência predominante em períodos de tempo mais elevados (como diário ou semanal) e utilizar períodos de tempo mais baixos (como horário ou 15 minutos) para identificar oportunidades de entrada e saída.

3.2.2 Quebras de estrutura

- Uma quebra de estrutura ocorre quando o preço ultrapassa uma oscilação anterior de alta ou baixa, indicando uma potencial mudança na direção do mercado.

- Exemplo: Em setembro de 2022, o Bitcoin (BTC) quebrou abaixo do seu mínimo de oscilação anterior de $18.000, sinalizando uma potencial tendência de baixa. Os comerciantes poderiam ter usado esta informação para entrar em posições curtas ou sair de posições longas.

- Insight acionável: Monitorizar quebras significativas de estrutura para potenciais oportunidades de negociação. Considere a utilização de sinais de confirmação adicionais, como o volume ou padrões de velas, para aumentar a precisão da transação.

3.3 Principais estratégias de negociação de acções de preço

Esta secção descreve várias estratégias eficazes de negociação de acções de preço que podem ser aplicadas em vários mercados.

3.3.1 Estratégia de Negociação Pullback

A estratégia de negociação de recuo envolve a entrada em transacções durante retracções temporárias de preços contra a tendência predominante. Esta estratégia permite aos investidores comprar a preços mais baixos numa tendência de subida ou vender a preços mais altos numa tendência de descida.

- Identificação de retrocessos: Procurar retracções de preços para níveis de suporte ou resistência chave, níveis de retração de Fibonacci ou médias móveis.

- Exemplo: Em abril de 2023, a Amazon (AMZN) sofreu um recuo para a sua média móvel de 50 dias, alterando uma forte tendência de alta. Os investidores poderiam ter entrado em posições longas durante o recuo, antecipando uma continuação da tendência de alta.

- Perspetiva prática: Confirmar recuos com padrões de velas, tais como padrões de engolfamento de alta ou de martelo, para aumentar a probabilidade de uma transação bem sucedida.

3.3.2 Estratégia de Negociação Breakout

A estratégia de negociação breakout tem como objetivo capitalizar os movimentos de preços que ocorrem após o preço ultrapassar os níveis de suporte ou resistência estabelecidos.

- Considerações chave: Os comerciantes devem esperar que o preço feche para além do nível de suporte ou resistência antes de entrar numa transação. Esta confirmação ajuda a evitar falsos rompimentos.

- Exemplo: Em novembro de 2021, a NVIDIA (NVDA) ultrapassou um nível de resistência significativo de 300 dólares, o que levou a um rápido aumento do preço. Os negociadores que entraram em posições longas no breakout viram ganhos substanciais à medida que o preço subiu para $350.

- Insight acionável: Utilizar a análise de volume para confirmar rupturas. Um volume superior à média numa quebra sugere um impulso mais forte, aumentando a probabilidade de continuação.

3.3.3 Estratégia de negociação de reversão

As estratégias de negociação de inversão centram-se na identificação de potenciais pontos de viragem no mercado, onde a direção do preço pode mudar de alta para baixa ou vice-versa.

- Reconhecer Padrões de Reversão: Procure padrões de velas (por exemplo, martelos, estrelas cadentes) ou padrões gráficos (por exemplo, cabeça e ombros) em níveis de suporte ou resistência chave para detetar potenciais inversões.

- Exemplo: Em fevereiro de 2023, a Tesla (TSLA) formou um padrão de cabeça e ombros depois de atingir um pico de oscilação. Os investidores que reconheceram este padrão de reversão poderiam ter entrado em posições curtas, lucrando com o subsequente declínio dos preços.

- Insight acionável: Utilizar indicadores de confirmação adicionais, como a divergência RSI ou MACD, para aumentar a precisão dos sinais de inversão.

3.4 Gestão de riscos e gestão comercial

A gestão eficaz do risco é crucial para o sucesso da negociação a longo prazo. Esta secção destaca os princípios chave da gestão de risco na negociação de acções de preço.

3.4.1 Dimensionamento de posições

Determinar a dimensão adequada da posição é essencial para gerir eficazmente o risco.

- Cálculo do tamanho da posição: Os investidores devem considerar o tamanho da sua conta, a tolerância ao risco (normalmente 1-2% do saldo da conta por transação) e a distância até ao nível de paragem de perda ao calcular o tamanho da posição.

- Exemplo: Se um investidor tiver uma conta de $10.000 e estiver disposto a arriscar 1% por transação ($100) numa transação com um stop-loss de $10, o investidor pode entrar numa posição de 10 acções.

3.4.2 Definir níveis de paragem de perda e de obtenção de lucro

- Ordens de paragem de perda: A definição de uma ordem de paragem de perda ajuda a limitar as perdas potenciais se a transação for contra as expectativas do investidor. Coloque ordens de paragem de perda abaixo dos níveis de suporte chave em transacções longas e acima dos níveis de resistência em transacções curtas.

- Exemplo: Se um investidor entrar numa posição longa no Google (GOOGL) a $2.800, pode definir uma ordem de paragem de perda a $2.750 (logo abaixo de um nível de suporte significativo).

- Ordens de retirada de lucro: A definição de ordens de retirada de lucro permite que os investidores garantam lucros em níveis pré-determinados. Os investidores podem utilizar os máximos de oscilação anteriores ou os níveis de extensão de Fibonacci para determinar os objectivos de obtenção de lucro.

- Visão acionável: Ajustar os níveis de stop-loss e take-profit com base na volatilidade do mercado e na ação dos preços. Também podem ser utilizadas ordens de paragem de perda com seguimento para bloquear os lucros à medida que a transação se move na direção desejada.

3.5 Psicologia e disciplina de negociação

A psicologia da negociação desempenha um papel significativo no sucesso dos operadores de acções sobre preços. Manter a disciplina e gerir as emoções é vital para executar estratégias de forma eficaz.

3.5.1 Controlo emocional

- Reconhecer as emoções: Os investidores devem estar conscientes de emoções como o medo, a ganância e a impaciência, que podem levar a decisões impulsivas.

- Exemplo: Um investidor que sente medo durante uma queda do mercado pode sair de uma posição prematuramente, perdendo potenciais ganhos quando o preço recupera.

- Perspetiva acionável: Desenvolver um plano de negociação e cumpri-lo. Rever e analisar regularmente as transacções anteriores para identificar os estímulos emocionais e melhorar a tomada de decisões.

3.5.2 Paciência e disciplina

- Esperar pela configuração correta: Os operadores de mercado bem sucedidos exercitam a paciência e esperam pelas melhores configurações de negociação, em vez de forçarem as negociações com base nas emoções ou no ruído do mercado.

- Exemplo: Um investidor disciplinado pode observar um padrão de inversão de alta, mas optar por esperar pela confirmação antes de entrar numa posição, enquanto um investidor impaciente pode entrar prematuramente, levando a perdas.

- Perspetiva acionável: Crie uma lista de verificação dos critérios para entrar nas transacções, incluindo sinais de confirmação e rácios risco-recompensa. Esta abordagem ajuda a manter a disciplina e evita decisões impulsivas.

3.6 Aplicação prática das estratégias de ação de preço

As estratégias de negociação de ação de preço podem ser aplicadas em vários mercados, incluindo acções, Forex e mercadorias. Esta secção destaca as aplicações práticas em diferentes ambientes de negociação.

3.6.1 Mercado de acções

No mercado de acções, as estratégias de ação de preços podem ser eficazes para capitalizar os relatórios de ganhos, as notícias e o sentimento geral do mercado.

- Exemplo: Os investidores podem utilizar a estratégia de recuo para comprar acções durante correcções temporárias de preços após fortes anúncios de lucros, como é o caso do Facebook (FB), que frequentemente sofre volatilidade em torno dos relatórios de lucros.

3.6.2 Mercado Forex

No mercado Forex, a negociação de acções de preço pode ajudar os investidores a navegar pelos movimentos dos pares de moedas e eventos geopolíticos.

- Exemplo: Os investidores podem utilizar estratégias de breakout para capitalizar em lançamentos de dados económicos significativos que têm impacto nos pares de moedas, como o EUR/USD, que pode sofrer movimentos acentuados após a publicação do relatório do Non-Farm Payroll (NFP) dos E.U.A..

3.6.3 Mercado de produtos de base

No mercado de mercadorias, as estratégias de ação de preços podem ser utilizadas para negociar com base na dinâmica da oferta e da procura.

- Exemplo: Os investidores podem utilizar estratégias de inversão quando negoceiam futuros de petróleo bruto, procurando padrões de velas que sinalizam inversões perto de níveis de resistência chave durante períodos de tensões geopolíticas ou interrupções de fornecimento.

3.7 Conclusão

P As estratégias de negociação da ação do arroz fornecem aos investidores as ferramentas para analisar e interpretar eficazmente os movimentos do mercado. Ao compreender a estrutura do mercado, aplicar as principais estratégias de negociação, gerir o risco e manter a disciplina, os investidores podem aumentar o seu potencial de sucesso. Os insights e as estratégias acionáveis deste capítulo servem como base para a construção de uma abordagem de negociação robusta que se adapta às mudanças nas condições do mercado.

3.8 Referências

1. Murphy, John J. *Technical Analysis of the Financial Markets (Análise Técnica dos Mercados Financeiros)*. New York: Prentice Hall, 1999.

2. Elder, Alexander. *Trading for a Living*. New York: Wiley, 1993.

3. Kahn, James. *The Art of Trading*. New York: Wiley, 2011.

4. Tharp, Van K. *Trade Your Way to Financial Freedom [Negocie seu caminho para a liberdade financeira]*. Nova Iorque: McGraw-Hill, 2006.

5. Bulkowski, Thomas. *Encyclopedia of Chart Patterns*. New York: Wiley, 2008.

Capítulo 4: Técnicas Avançadas de Ação de Preço e Análise

4.1 Introdução às técnicas avançadas de ação do preço

À medida que os investidores se tornam proficientes em estratégias básicas de negociação de acções de preço, podem beneficiar da exploração de técnicas avançadas que fornecem uma visão mais profunda do comportamento do mercado. Este capítulo discute várias técnicas avançadas de price action, incluindo a análise do fluxo de ordens, padrões avançados de candlestick e a integração de múltiplos timeframes. Ao dominar estas técnicas, os investidores podem aperfeiçoar o seu processo de tomada de decisões e melhorar o seu desempenho global de negociação.

4.2 Compreender o fluxo de encomendas

A análise do fluxo de ordens envolve o exame da dinâmica da oferta e da procura no mercado, interpretando os movimentos de preços e as alterações de volume. Esta técnica ajuda os comerciantes a avaliar o sentimento do mercado e a prever futuros movimentos de preços.

4.2.1 O papel do volume no fluxo de ordens

- Análise de volume: O volume desempenha um papel crítico na confirmação dos movimentos de preços. Um aumento no volume durante um movimento de preços indica um impulso mais forte, enquanto o volume em declínio sugere um enfraquecimento do interesse.

- Exemplo: Se a Tesla (TSLA) tiver uma quebra acima de um nível de resistência a $700 com um volume elevado (por exemplo, 1 milhão de acções negociadas), isso indica um forte interesse de compra e o potencial de continuação. Por outro lado, se a quebra ocorrer em baixo volume (por exemplo, 100.000 acções), pode indicar uma falsa quebra.

- Perceção acionável: Utilize indicadores de volume, como o Preço Médio Ponderado por Volume (VWAP) ou o Volume no Balanço (OBV), para complementar a análise da ação do preço e identificar potenciais oportunidades de negociação.

4.2.2 Analisar a profundidade do mercado

- Profundidade do mercado: A profundidade do mercado refere-se ao livro de ordens que mostra o número de ordens de compra e venda em diferentes níveis de preços. A análise da profundidade do mercado pode fornecer informações sobre potenciais níveis de suporte e resistência.

- Exemplo: Se um número significativo de ordens de compra estiver agrupado em $50 para a Apple Inc. (AAPL), este pode atuar como um nível de suporte. Os investidores podem observar a ação do preço em torno deste nível para identificar potenciais oportunidades de compra.

- Perceção acionável: Monitorizar regularmente a profundidade do mercado para identificar os principais níveis de preços onde existe um interesse significativo de compra ou venda. Esta informação pode orientar as decisões de entrada e saída.

4.3 Padrões avançados de velas

Enquanto os padrões básicos de velas fornecem uma base para a análise da ação dos preços, os padrões avançados oferecem informações adicionais sobre a psicologia do mercado e potenciais inversões ou continuações.

4.3.1 Padrões de Engolfamento

- Engolfamento de Alta e Baixa: Um padrão de engolfamento ocorre quando uma vela maior engolfa completamente a vela menor anterior. Um padrão de engolfamento de alta sugere uma potencial inversão para cima, enquanto um padrão de engolfamento de baixa indica uma possível inversão de baixa.

- Exemplo: Em março de 2023, a Netflix (NFLX) formou um padrão de engolfamento de alta após uma tendência de baixa, sinalizando uma potencial inversão. Os comerciantes que reconheceram esse padrão poderiam ter entrado em posições longas na abertura da próxima vela.

- Insight acionável: Utilizar padrões de engolfamento em conjunto com níveis de suporte e resistência para aumentar a precisão dos sinais de negociação.

4.3.2 Padrões de barras interiores

- Definição de barra interna: Uma barra interna é um padrão de vela onde o máximo e o mínimo da vela atual estão contidos dentro do intervalo da vela anterior. Este padrão indica um período de consolidação e pode sinalizar potenciais oportunidades de fuga.

- Exemplo: Em fevereiro de 2023, a Microsoft (MSFT) formou uma barra interior após uma forte tendência de alta, sugerindo uma pausa antes do próximo movimento. Os investidores podem estar atentos a uma quebra do intervalo da barra interior para entrar em posições.

- Insight acionável: Usar barras internas em combinação com estratégias de breakout. Entre em negociações na quebra da alta ou baixa da barra interna, confirmando a direção do próximo movimento.

4.4 Análise multi-temporal

A análise multi-timeframe envolve o exame da ação do preço em diferentes timeframes para obter uma visão abrangente da dinâmica do mercado. Esta técnica ajuda os investidores a alinhar as suas estratégias com a tendência predominante e a identificar potenciais pontos de entrada e saída.

4.4.1 Seleção do período

- Escolhendo Timeframes: Os investidores podem usar vários períodos de tempo para analisar as condições do mercado. Combinações comuns incluem a análise do gráfico diário para a tendência geral, o gráfico horário para sinais de entrada, e o gráfico de 15 minutos para afinar as entradas.

- Exemplo: Um trader pode identificar uma tendência de alta no gráfico diário da Amazon (AMZN), procurar oportunidades de recuo no gráfico horário e, em seguida, aguardar a confirmação no gráfico de 15 minutos antes de entrar em uma negociação.

- Insight acionável: Alinhe sempre as suas transacções com a tendência predominante identificada em períodos de tempo mais elevados. Este alinhamento aumenta a probabilidade de negociações bem-sucedidas.

4.4.2 Identificação de divergências entre períodos de tempo

- Divergências: A divergência ocorre quando a ação do preço e um indicador (como RSI ou MACD) se movem em direcções opostas. Esta discrepância pode sinalizar potenciais inversões ou continuações.

- Exemplo: Em junho de 2023, enquanto o ouro (XAU/USD) atingiu um novo máximo, o RSI formou um máximo mais baixo, indicando uma divergência de baixa. Os investidores poderiam ter usado este sinal para antecipar uma inversão de preços e entrar em posições curtas.

- Insight acionável: Procure divergências em diferentes períodos de tempo para validar potenciais configurações de negociação. Esta confirmação acrescenta peso à análise e ajuda a identificar mudanças no mercado.

4.5 Integrar a ação do preço com outras ferramentas de análise

Embora a ação dos preços seja uma técnica autónoma poderosa, a sua integração com outras ferramentas analíticas pode aumentar a eficácia da negociação.

4.5.1 Níveis de retração de Fibonacci

- Análise de Fibonacci: Os níveis de retração de Fibonacci são amplamente utilizados para identificar potenciais áreas de suporte e resistência. Os investidores podem combinar estes níveis com sinais de ação de preços para uma melhor tomada de decisões.

- Exemplo: Se o EUR/USD retrair para o nível de Fibonacci de 61,8% durante uma tendência de alta e formar uma barra de pinos de alta, isso pode sinalizar uma forte oportunidade de compra. Os comerciantes podem entrar em posições longas nesta confluência de sinais.

- Perspetiva de ação: Valide sempre os níveis de retração de Fibonacci com sinais de ação de preço, tais como padrões de velas ou níveis de suporte e resistência, para aumentar a probabilidade de negociações bem sucedidas.

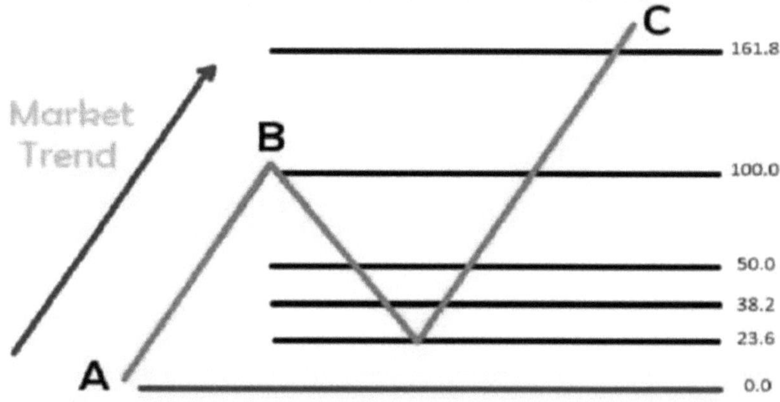

4.5.2 Médias móveis e ação de preço

- Médias móveis: As médias móveis podem ajudar os investidores a identificar tendências e níveis dinâmicos de suporte ou resistência. A combinação de médias móveis com a ação do preço pode fornecer sinais claros de entrada e saída.

- Exemplo: Em abril de 2023, o Facebook (FB) recuperou da média móvel de 50 dias após um recuo numa tendência de subida, formando um padrão de engolfo de alta. Os investidores que combinaram estes sinais poderiam ter entrado em posições longas, tendo como objetivo o nível de resistência seguinte.

- Insight acionável: Utilizar as médias móveis para filtrar transacções e confirmar os sinais de ação do preço. Por exemplo, considere entrar em posições longas apenas quando o preço estiver acima de uma média móvel específica e ocorrer um sinal de ação de preço de alta.

4.6 Aplicação prática de técnicas avançadas

As técnicas avançadas discutidas neste capítulo podem ser aplicadas a vários cenários de negociação.

4.6.1 Acções

Os investidores podem aplicar padrões avançados de velas e análise do fluxo de ordens para tomar decisões informadas no mercado de acções. Por exemplo, a utilização da análise de volume durante os anúncios de ganhos pode ajudar a identificar oportunidades de fuga.

4.6.2 Forex

No mercado Forex, os investidores podem utilizar a análise multi-timeframe e as divergências para navegar eficazmente pelos movimentos dos pares de moedas. O reconhecimento de potenciais inversões ou continuações com base nestas técnicas pode melhorar o desempenho da negociação.

4.6.3 Produtos de base

As técnicas avançadas também podem ser benéficas no mercado de mercadorias. Os investidores podem aplicar os níveis de Fibonacci e os padrões de velas para identificar as principais áreas de apoio e resistência quando negoceiam mercadorias como o petróleo e o ouro.

4.7 Conclusão

As técnicas avançadas de ação dos preços oferecem aos investidores ferramentas valiosas para analisar o comportamento do mercado e melhorar as suas estratégias de negociação. Ao dominar a análise do fluxo de ordens, os padrões avançados de velas e a análise multi-timeframe, os traders podem refinar o seu processo de tomada de decisão e melhorar o desempenho global da negociação. Os conhecimentos fornecidos neste capítulo servem como base para o desenvolvimento de uma abordagem de negociação abrangente e robusta, adaptada às preferências individuais e às condições de mercado.

4.8 Referências

1. Murphy, John J. *Technical Analysis of the Financial Markets (Análise Técnica dos Mercados Financeiros)*. New York: Prentice Hall, 1999.

2. Kahn, James. *The Art of Trading.* New York: Wiley, 2011.

3. Bulkowski, Thomas. *Encyclopedia of Candlestick Charts.* New York: Wiley, 2008.

4. Tharp, Van K. *Trade Your Way to Financial Freedom [Negocie seu caminho para a liberdade financeira].* Nova Iorque: McGraw-Hill, 2006.

5. Elder, Alexander. *Trading for a Living.* New York: Wiley, 1993.

Capítulo 5: Desenvolver um plano de negociação robusto usando a ação do preço

5.1 Introdução aos planos de negociação

Um plano de negociação bem estruturado é crucial para o sucesso de qualquer trader, servindo como um roteiro que descreve as estratégias, regras e objectivos de negociação. Este capítulo irá explorar como desenvolver um plano de negociação robusto utilizando os princípios de ação do preço. Um plano de negociação sólido permite que os investidores tomem decisões informadas, mantenham a disciplina e, finalmente, atinjam os seus objectivos financeiros.

5.2 Componentes de um plano de negociação

Um plano de negociação abrangente deve incluir vários componentes essenciais que orientam os operadores no seu percurso de negociação.

5.2.1 Metas e objectivos de negociação

- Definição de objectivos: Estabelecer objectivos claros e mensuráveis é vital para manter a concentração e a motivação. Os objectivos podem incluir metas financeiras (por exemplo, alcançar uma percentagem específica de retorno do investimento) ou objectivos de desenvolvimento de competências (por exemplo, dominar uma determinada estratégia de negociação).

- Exemplo: Um investidor pode estabelecer o objetivo de obter um retorno de 20% na sua conta de negociação durante o próximo ano, seguindo uma estratégia disciplinada de ação de preço.

- Perspectivas práticas: Dividir os objectivos a longo prazo em marcos mais pequenos e geríveis. Esta abordagem permite aos investidores acompanhar o progresso e ajustar as estratégias conforme necessário.

5.2.2 Regras de gestão do risco

- Risco por transação: Determine a percentagem máxima do seu capital de negociação que está disposto a arriscar em cada transação. Uma regra comum é não arriscar mais do que 1-2% da sua conta numa única transação.

- Exemplo: Se um negociador tiver uma conta de $10.000 e arriscar 1% por transação, pode dar-se ao luxo de perder $100 numa única transação. Esta diretriz ajuda a proteger a conta de negociação de perdas significativas.

- Perspetiva acionável: Utilize cálculos de dimensionamento de posições para determinar o número de acções ou contratos a negociar com base na sua tolerância ao risco e distância de paragem de perda.

5.2.3 Estratégias de entrada e de saída

- Critérios de entrada: Definir as condições sob as quais entrará numa transação. Estes critérios podem incluir padrões de ação de preço específicos, níveis de quebra ou formações de velas.

- Exemplo: Um investidor pode decidir entrar numa posição longa quando o preço quebra acima de um nível de resistência chave com uma vela envolvente de alta e um volume aumentado.

- Critérios de saída: Estabelecer estratégias de saída claras, incluindo níveis de take-profit e stoploss. Utilizar os máximos e mínimos de oscilações anteriores, os níveis de retração de Fibonacci ou os trailing stops podem ajudar a determinar os pontos de saída.

- Perceção acionável: Rever e ajustar regularmente as estratégias de entrada e saída com base na alteração das condições do mercado ou em novas informações obtidas a partir da análise da ação dos preços.

5.3 Criar uma rotina de negociação

Uma rotina de negociação consistente pode ajudar os investidores a manterem-se disciplinados e concentrados nas suas estratégias.

5.3.1 Preparação pré-mercado

- Análise do mercado: Efetuar uma análise completa do mercado antes do início da sessão de negociação. Reveja as notícias económicas, relatórios de ganhos e eventos de mercado relevantes que possam ter impacto na ação dos preços.

- Exemplo: Um operador pode analisar o impacto de uma próxima reunião da Reserva Federal no mercado Forex, ajustando as suas estratégias em conformidade.

- Perceção acionável: Mantenha um diário de negociação para documentar a análise pré-mercado, incluindo o sentimento do mercado, potenciais configurações de negociação e quaisquer eventos económicos a monitorizar.

5.3.2 Durante o horário de funcionamento do mercado

- Execução da transação: Cumpra o seu plano de negociação e siga os critérios de entrada e saída estabelecidos. Evite tomar decisões impulsivas com base em emoções ou movimentos súbitos do mercado.

- Exemplo: Se um trader identificou uma potencial configuração de alta para a Microsoft (MSFT), mas encontra ruído no mercado, deve manter-se disciplinado e esperar pela confirmação antes de executar a transação.

- Visão acionável: Reveja regularmente o seu desempenho de negociação durante a sessão. Analise as transacções vencedoras e perdedoras para identificar padrões e áreas de melhoria.

5.3.3 Análise pós-mercado

- Avaliação das transacções: Ao longo do dia de negociação, reservar algum tempo para analisar todas as transacções executadas, incluindo os pontos de entrada e saída, as razões para a realização das transacções e o desempenho global.

- Exemplo: Um investidor pode rever uma transação perdida na Apple (AAPL), analisando se seguiu o seu plano de negociação e identificando áreas a melhorar.

- Perceção acionável: Utilize o seu diário de negociação para acompanhar as métricas de desempenho, como a taxa de ganhos, o ganho/perda médio e o rácio risco-recompensa, para avaliar a eficácia do seu plano de negociação ao longo do tempo.

5.4 Formação e adaptação contínuas

Os mercados financeiros estão em constante evolução e os operadores de sucesso devem empenhar-se na aprendizagem e adaptação contínuas.

5.4.1 Manter-se informado

- Pesquisa de mercado: Mantenha-se atualizado sobre a evolução do mercado, novas técnicas de negociação e indicadores económicos. Ler livros de negociação, assistir a webinars e seguir fontes de notícias financeiras respeitáveis pode melhorar o seu conhecimento do mercado.

- Exemplo: Um comerciante pode ler as implicações dos relatórios de inflação nos preços dos produtos de base para ajustar as suas estratégias de negociação em conformidade.

- Perspetiva prática: Reserve tempo todas as semanas para participar em actividades educativas, como ler literatura sobre negociação ou assistir a análises de especialistas, para melhorar continuamente as suas competências de negociação.

5.4.2 Adaptar o seu plano de negociação

- Revisão regular: Rever periodicamente e ajustar o seu plano de negociação com base em métricas de desempenho, condições de mercado e experiências pessoais. A adaptabilidade é a chave para o sucesso a longo prazo.

- Exemplo: Se um operador verificar que uma determinada estratégia de ação sobre os preços está a ter um desempenho inferior ao esperado, deve avaliar se está de acordo com as condições actuais do mercado e considerar a possibilidade de a ajustar.

- Visão acionável: Agende revisões mensais do seu plano de negociação para avaliar a sua eficácia e efetuar os ajustes necessários para melhorar o desempenho.

5.5 Criar uma rede de apoio

Ter uma comunidade comercial que o apoie pode proporcionar motivação, encorajamento e conhecimentos valiosos.

5.5.1 Aderir a comunidades comerciais

- Fóruns e grupos online: Envolva-se com comerciantes que pensam da mesma forma em fóruns online, grupos de redes sociais ou encontros locais. A partilha de experiências e a discussão de estratégias podem melhorar a aprendizagem e proporcionar perspectivas diferentes.

- Exemplo: Aderir a uma comunidade de negociação centrada na negociação de acções de preço permite aos investidores partilharem configurações, discutirem ideias de mercado e aprenderem com os sucessos e desafios uns dos outros.

- Insight acionável: Participe ativamente nos debates, faça perguntas e partilhe as suas experiências nas comunidades comerciais para promover a colaboração e o crescimento pessoal.

5.5.2 Procurar um mentor

- Oportunidades de orientação: Considere a possibilidade de procurar a orientação de comerciantes experientes que possam fornecer orientação, partilhar conhecimentos e ajudá-lo a enfrentar os desafios.

- Exemplo: Um trader pode encontrar um mentor especializado em negociação de acções de preço, que lhe dê feedback valioso sobre as suas estratégias de negociação e o ajude a aperfeiçoar as suas competências.

- Perspetiva prática: Estabeleça objectivos claros sobre o que espera ganhar com a tutoria e participe ativamente com o seu mentor para maximizar a experiência de aprendizagem.

5.6 Conclusão

O desenvolvimento de um plano de negociação sólido utilizando os princípios da ação dos preços é essencial para qualquer operador que procure o sucesso a longo prazo. Ao definir objectivos claros, implementar estratégias eficazes de gestão de risco, criar uma rotina de negociação consistente e empenhar-se na formação contínua, os investidores podem melhorar o seu desempenho e atingir os seus objectivos financeiros. Um plano de negociação sólido serve de base para uma negociação disciplinada, permitindo aos investidores navegar com confiança nas complexidades dos mercados financeiros.

5.7 Referências

1. Van Tharp, J. *Trade Your Way to Financial Freedom.* Nova Iorque: McGrawHill, 2006.

2. Elder, Alexander. *Trading for a Living.* New York: Wiley, 1993.

3. Murphy, John J. *Technical Analysis of the Financial Markets (Análise Técnica dos Mercados Financeiros).* New York: Prentice Hall, 1999.

4. Kahn, James. *The Art of Trading.* New York: Wiley, 2011.

5. Bulkowski, Thomas. *Encyclopedia of Chart Patterns.* New York: Wiley, 2008.

Conclusão geral

Ao concluirmos o Mastering Price Action Trading, é essencial refletir sobre os principais temas e ideias explorados ao longo desta jornada. A negociação de acções de preço não é apenas um método; é uma filosofia que permite aos investidores tomar decisões informadas com base na dinâmica do mercado em tempo real.

Recapitulação dos conceitos-chave

Ao longo deste livro, examinámos os elementos fundamentais da negociação de acções de preço. Desde a compreensão da estrutura do mercado e a identificação de oscilações de altos e baixos até o reconhecimento de padrões de velas e gráficos, cada capítulo contribuiu para a construção de uma estrutura robusta para uma negociação bem-sucedida.

- Compreender o comportamento do mercado: Ao concentrarem-se nos movimentos de preços, os investidores podem obter informações sobre a psicologia do mercado e tomar decisões mais informadas. Este é um elemento crucial que distingue os operadores de acções de preço de outros que podem confiar em métodos de análise desactualizados ou demasiado complicados.

- Padrões e Estratégias: Discutimos vários padrões que sinalizam potenciais reversões ou continuações. O reconhecimento destes padrões permite aos investidores posicionarem-se vantajosamente no mercado, aumentando a sua probabilidade de sucesso. As estratégias delineadas oferecem abordagens práticas e acionáveis que os investidores podem implementar em tempo real.

- Gestão de riscos e psicologia: Destacámos o papel fundamental da gestão de riscos e da psicologia de negociação para alcançar o sucesso a longo prazo. Compreender como gerir o risco de forma eficaz e manter a disciplina emocional é fundamental no mundo de alto risco da negociação.

O percurso contínuo da negociação

A negociação é uma viagem e não um destino. Ao incorporar os princípios da negociação de acções de preço na sua rotina, lembre-se que o domínio leva tempo e experiência. Os mercados são dinâmicos e uma negociação bem sucedida requer adaptação e aprendizagem contínuas.

Incentivo à aprendizagem contínua

Pegue nos conhecimentos deste livro e aplique-os às suas práticas de negociação. Considere manter um diário de negociação para registar as suas transacções, emoções e experiências de aprendizagem. Refletir sobre o seu desempenho pode revelar padrões na sua tomada de decisões e ajudá-lo a aperfeiçoar a sua abordagem.

Considerações finais

Em conclusão, a negociação de acções de preço é uma abordagem acessível mas poderosa que oferece aos investidores as ferramentas necessárias para navegar nas complexidades dos mercados financeiros. Armado com os conhecimentos deste livro, está bem equipado para desenvolver o seu estilo de negociação único.

Aceite os desafios e as oportunidades que a negociação apresenta. Lembre-se de que todos os negociadores passam por contratempos, mas aqueles que permanecem disciplinados, resilientes e empenhados na melhoria contínua encontrarão o sucesso.

À medida que avança, continue a aprender, mantenha-se curioso e, mais importante, confie na sua capacidade de ler e interpretar a ação dos preços nos mercados. Com dedicação e a mentalidade certa, pode atingir os seus objectivos de negociação e prosperar no mundo financeiro em constante evolução.

I want morebooks!

Buy your books fast and straightforward online - at one of world's fastest growing online book stores! Environmentally sound due to Print-on-Demand technologies.

Buy your books online at
www.morebooks.shop

Compre os seus livros mais rápido e diretamente na internet, em uma das livrarias on-line com o maior crescimento no mundo! Produção que protege o meio ambiente através das tecnologias de impressão sob demanda.

Compre os seus livros on-line em
www.morebooks.shop

Printed by Books on Demand GmbH, Norderstedt / Germany